Inferir

Inferir es usar lo que **leíste** y lo que **ya sabes** para entender lo que no se dice en el texto. Cuando infieres, **sacas conclusiones.**

En mi mochila

Lada J. Kratky

un cuaderno

un lápiz

un borrador

unos colores

un libro

una regla

unas tijeras

mi osito

¡Listo!

En mi mochila
ISBN: 978-1-68292-519-5

© Del texto: 2017, Lada Josefa Kratky
© De esta edición:
2020, Vista Higher Learning, Inc.
500 Boylston Street, Suite 620.
Boston, MA 02116-3736
www.vistahigherlearning.com

Dirección editorial: Isabel C. Mendoza
Edición: Ana I. Antón
Dirección de arte y producción: Jacqueline Rivera
Fotógrafo: Carlos Fernando Méndez
Modelo: Brianna Pérez
Montaje: Gráfika LLC

Todos los derechos reservados.
Esta publicación no puede ser reproducida, ni en todo ni en parte, ni registrada en o transmitida por un sistema de recuperación de información, en ninguna forma ni por ningún medio, sea mecánico, fotoquímico, electrónico, magnético, electroóptico, por fotocopia o cualquier otro, sin el permiso previo, por escrito, de la editorial.

Published in the United States of America.

3 4 5 6 7 8 9 GP 25 24 23 22

Aquí acaba este libro
escrito, ilustrado, diseñado, editado, impreso
por personas que aman los libros.
Aquí acaba este libro que tú has leído,
el libro que ya eres.

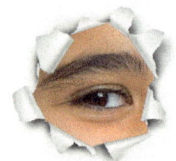